Dieses Buch gehört

_____

Büchersterne

Liebe Eltern,

Lesenlernen ist eine Meisterleistung. Es gelingt nur Schritt für Schritt. Unsere Erstlesebücher in drei Lesestufen unterstützen Ihr Kind dabei optimal. In den Büchern für die 1./2. Klasse erleichtern kurze Sinnabschnitte das Lesen, und viele Bilder unterstützen das Leseverstehen.
Mit beliebten Kinderbuchfiguren von bekannten Autorinnen und Autoren macht das Lesenlernen Spaß. 16 Seiten Leserätsel im Buch laden zu einer spielerischen Auseinandersetzung mit dem Text ein.
So werden aus Leseanfängern Leseprofis!

Manfred Wespel

Prof. Dr. Manfred Wespel

Büchersterne – damit das Lesenlernen Spaß macht!

www.buechersterne.de

Mit Büchersterne-Rätselwelt

Kirsten Boie

Abenteuer im Möwenweg

Wir backen Weihnachtskekse

Bilder von Nadine Reitz
nach Figuren von Katrin Engelking

Verlag Friedrich Oetinger · Hamburg

Inhalt

Tara   Petja   MAUS

Ich heiße Tara,
und das sind meine beiden Brüder.
Petja finde ich manchmal
nicht so praktisch.
Der will nämlich meistens
alles bestimmen.

Und mit Maus kann man leider
nicht so viel anfangen.
Der geht noch nicht mal in die Schule.

Wir wohnen alle im Möwenweg
in einem Reihenhaus.
Und meine beste Freundin Tieneke
wohnt zwei Häuser weiter.

Neben Tieneke wohnen
meine zweitbesten Freundinnen,
Fritzi und Jul.

Tieneke   Jul   Fritzi

Will jemand noch die Jungs wissen?
Das sind Vincent und Laurin,
die wohnen im Endhaus.
Vincent ist sehr schlau,
und Laurin ist sehr frech.
Da ist es doch gut aufgeteilt.

Bei uns im Möwenweg
ist es am allerschönsten
auf der ganzen Welt.

1. Geburtstag im November

Habe ich schon erzählt,
dass ich im November
Geburtstag habe?

Das hab ich nämlich.
Und das finde ich
für einen Geburtstag
auch die allerbeste Zeit.

Weil im November
ja sonst nichts los ist
und alle sich freuen,
wenn sie eingeladen werden.

„Nein wirklich, wie ist das
wieder grau heute!",
sagt Mama manchmal,
wenn wir im November
aus der Schule kommen.
„November ist bestimmt
die fürchterlichste Zeit im Jahr!"

Aber das finde ich
überhaupt nicht.
Ich finde, es muss erst mal
eine Weile grau und nebelig
und schrecklich sein.
Nur so kann man sich
auch richtig auf die
Weihnachtszeit freuen.

Wenn man gleich
mit Kerzen und Keksen
und Tannenzweigen und Basteln
loslegen würde,
wäre das ja nichts Besonderes.

Als wir im November
meinen Geburtstag gefeiert haben,
hab ich deswegen
extra aufgepasst,
dass es dabei kein bisschen
weihnachtlich war.

11

2. Rechtschreibung

Am Morgen nach meinem Geburtstag
hat Frau Streng in der Schule gesagt,
dass wir am Montag
eine Deutscharbeit schreiben würden.

„Nein!", haben wir alle geschrien.
„Ich geb mir die Kugel!",
hat Adrian gebrüllt.
Das sagen sie immer so
in der Werbung.

Frau Streng ist
unsere Klassenlehrerin.
Tieneke und ich finden,
dass sie eigentlich
Frau Nett heißen müsste.

Weil sie nämlich nett ist.
Aber an diesem Morgen
haben wir das gar nicht gefunden.

„Können wir nicht lieber
eine Mathearbeit schreiben?",
hab ich vorgeschlagen.
Mathe kann ich besser.

„Nichts da!", hat Frau Streng gesagt.
„Ihr habt ja noch
den ganzen Nachmittag Zeit,
um zu üben."

Darum hatten Tieneke und ich
auch ziemlich schlechte Laune,
als wir nach Hause gekommen sind.
Aber Mama hat uns ganz vergnügt
die Tür aufgemacht.

„Na, ihr beiden Mäusegesichter?",
hat sie gefragt.
„Hattet ihr einen schönen Tag?"

Zum Glück kommt Tieneke
nach der Schule ganz oft mit zu mir,
weil ihre Mutter ja arbeitet.
Dann isst sie auch immer bei uns,
und das ist gut.

„Wir hatten überhaupt
keinen schönen Tag!",
hab ich gesagt.
„Wir müssen Montag
eine ganz grässliche
Arbeit schreiben!"

„Rechtschreibung!", hat Tieneke
gesagt. „-ig mit -g und -lich mit -ch!
Das kann ja kein Mensch!"

Petja hat schon
am Küchentisch gesessen.
Er hat so getan, als ob
sein Messer und seine Gabel
zwei Trommelstöcke sind.
Das hat er wegen Maus gemacht.
Der wollte sich
natürlich wieder totlachen.

„Das ist doch Babykram!“,
hat Petja gesagt.
„Das Zeugs hatten wir schon
vor hundert Jahren!“
Petja ist ja schon in der fünften Klasse.

Aber als wir gesagt haben,
er soll es mal erklären,
wusste er natürlich kein bisschen,
wie es geht.

„Nun streitet euch mal nicht!“,
hat Mama gesagt.
„Wo doch heute unser
Backtag werden soll!“

3. Backtag

„Backtag?", hab ich geschrien.
„Darf Tieneke mitmachen?"

Mama hat gesagt:
„Aber klar! Ich kann jede
tüchtige Hand brauchen.
Bei den Riesenmengen von Keksen,
die hier vor Weihnachten
immer verdrückt werden."

„Geil!", hat Petja geschrien.
„Ich mach auch mit!"

Das war ja sowieso schon klar.
Ich hab aber gewusst,
dass Petja um drei
zum Judo-Training musste.
Und ein bisschen
darf er ruhig mitbacken,
das müssen Männer
ja auch lernen.

„Bitte sehr, meine Damen und
Herren!",
hat Mama gesagt
und aus dem Wohnzimmer
ihren Einkaufskorb geholt.
Da waren all die Sachen drin,
die sie zum Backen eingekauft hatte.

„Krass!", hat Tieneke geflüstert.
„So viel!"

„Das hab ich alles eingekauft!",
hat Maus geschrien.
„Ich war das! Mit Mama!"

„Das hast du aber
schön gemacht, Maus!",
hab ich gesagt.
Obwohl ja wohl jeder Dummi
die Sachen aus dem Regal
im Supermarkt nehmen kann.
Das ist schließlich keine Kunst.

Aber vor Weihnachten
bin ich immer nett zu Maus.
Und sonst auch ganz oft.

„Na, dann wollen wir mal!",
hat Mama gesagt.
Dann hat sie Tieneke
und Petja und mir
jedem eine Küchenschürze
gegeben:

Petja die rot-grün gestreifte,
Tieneke die grüne
mit den Äpfeln drauf,
und ich habe die
mit den Kringeln gekriegt.
Die finde ich
sowieso am schönsten.

Maus musste ein
Geschirr-Handtuch umbinden,
weil wir leider
nur drei Schürzen haben.
Aber eine echte Schürze
wäre für so einen kleinen Zwerg
sowieso viel zu lang gewesen.
Da wäre er nur
immer gestolpert,
und das ist beim Backen
ja nicht so gut.

Wir haben die Zutaten abwechselnd
in die Küchenmaschine getan,
wie wir das immer machen.
So kommt ja jeder mal dran.
Der Teig ist auch
sehr schön geworden.

Wir haben ihn
in den Kühlschrank gestellt,
weil er zum Ausrollen
ja kalt sein muss.

Mama hat gesagt,
wo wir jetzt sowieso
eine kleine Pause machen,
können wir auch gleich mal
für unsere Deutscharbeit üben.
Ich habe gestöhnt,
aber Mama hat schon gesagt:
„Der Tag heute ist herrlich!"

Und Tieneke hat gesagt:
„Heute ist ein herrlicher Tag."
Weil man es so machen muss.
Man muss das Wort länger machen,
dann kann man hören,
ob es ein ch-Wort ist
oder ein g-Wort.
Herrliger Tag klingt ja ganz falsch.

4. Zimtsterne

Genau als wir die Backbleche
später in den Ofen schieben wollten,
hat es an der Haustür geklingelt,
und Vincent ist gekommen,
um Petja zum Judo abzuholen.

„Cool!", hat er gerufen.
„Weihnachtsbäckerei!
Kann ich nachher auch mitmachen?"

In dem Augenblick
hat grade Mama
den Kopf durch
die Küchentür gesteckt,
um zu gucken,
wie weit wir waren.

„Natürlich darfst du mitbacken.
Bestimmt haben die Mädchen
nachher sowieso keine Lust mehr",
hat Mama gesagt.

Aber da kannte
Mama uns schlecht!
Mama hatte Tieneke und mir
nämlich erlaubt,
dass wir in diesem Jahr
die Zimtsterne alleine backen durften.

Mama hatte am Vormittag angefangen,
den Rummelkeller aufzuräumen.
Und da wollte sie nicht
mittendrin aufhören.

Darum hat Mama Tieneke und mir
also das Rezept
für die Zimtsterne hingelegt
und die Zutaten gegeben.
Und dann ist sie
in den Keller gegangen.

Wir haben alles
genau so gemacht,
wie es im Rezept stand.
Mandeln und Zimt und alles,
aber trotzdem ist es
kein schön fester Teig geworden,
sondern nur
so eine Art hellgrauer Matsch.

„Sollen wir deine Mutter holen?",
hat Tieneke gefragt.
„Vielleicht weiß die ja einen Trick!"

„Das kriegen wir auch selber hin!",
hab ich gesagt und einfach
noch ein Ei reingeschlagen.
Das war aber leider nicht richtig.
Eigentlich sah der Teig jetzt
sogar noch mehr aus
wie ein komischer klebriger Matsch.

Gerade als wir uns beide
so ganz verzweifelt
über das Rührgerät gebeugt haben,
ist Mama in die Küche gestürmt.

„Riecht ihr das denn gar nicht?",
hat sie gerufen.
„Die Plätzchen müssen raus!"
Da habe ich es auch gerochen.

Da hatten Tieneke und ich
doch wirklich unsere Kinderkekse
anbrennen lassen!
Wir hatten ja so viel Ärger
mit den Zimtsternen gehabt.
Und an alles kann man
nicht gleichzeitig denken.

Die Kekse auf dem Blech,
das wir zuerst
in den Ofen geschoben hatten,
waren leider schon ganz schwarz.
Aber die beiden anderen Bleche
waren in Ordnung.

Die Kekse auf dem letzten Blech
sahen sogar ganz schön
und golden aus.
Und das mittlere Blech
war auch nur so ein kleines bisschen
bräunlich.

Dann hat Mama unseren Zimtstern-
Teig gesehen.
„Ach du je!", hat sie gerufen.
„Was ist denn da passiert?"

Und sie hat gesagt,
wenn wir mit zwei Teelöffeln
kleine Häufchen
auf das Backblech heben,
werden das bestimmt
auch schöne Kekse.
Es sind dann eben nur
keine Zimtsterne.

Da haben Tieneke und ich
lauter kleine Häufchen
auf das Backpapier gesetzt
und zwei Bleche davon
in den Ofen geschoben.

5. Ein neues Rezept

Gerade als wir sie wieder
aus dem Ofen geholt haben,
sind Petja und Vincent
vom Judo gekommen,
und Petja hat unsere
Zimtsternteig-Kekse gesehen.

„Was soll denn das sein?",
hat er gefragt.
„Gebackenes Kartoffelpüree?"

Maus wollte sich natürlich
gleich wieder totlachen.
„Gebackene Pommes frites!",
hat er gerufen.
„Gebackenes Schuschu-Bulubulu!"

Aber da hat sich zum Glück
Mama eingemischt:
„Das sind Mandel-Zimt-Batzen.
Das ist ein ganz neues Rezept
von Tara und Tieneke,
und die schmecken sehr gut."

Vincent hat einen probiert
und gesagt: „Das stimmt.
Die Mandel-Zimt-Batzen
erinnern mich irgendwie
ein bisschen an Zimtsterne.
Aber sie schmecken
ehrlich tausendmal besser."

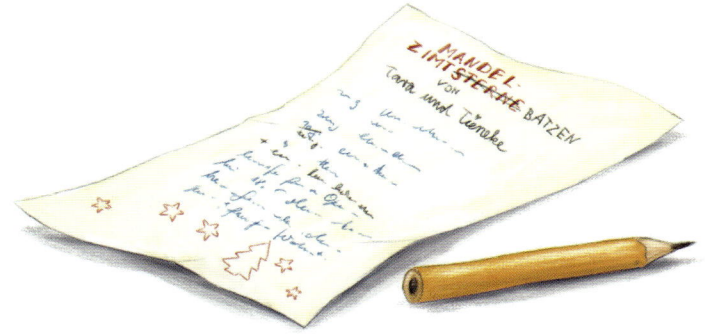

Das hat Papa
am Abend auch gesagt,
als er von jeder Kekssorte
einen probieren durfte.
Und dass er jetzt in jedem Jahr
nur noch Taras und Tienekes
Mandel-Zimt-Batzen essen möchte
und nicht so langweilige Zimtsterne,
wie alle Leute sie haben.

Willkommen in der

Büchersterne

Rätselwelt

Hast du Lust auf noch mehr
Lesespaß?

Die kleinen Büchersterne  haben
sich tolle Rätsel und spannende
Spiele für dich ausgedacht.
Auf der nächsten Seite geht es
schon los!

Wir wünschen dir viel Spaß!

Lösungen
auf Seite
56-57

Kannst du dich erinnern? Kreuze die richtigen Antworten an.

Wer ist sehr frech?

(T) Laurin

(M) Vincent

Wann will Frau Streng die Arbeit schreiben?

(AU) Freitag

(EI) Montag

In welche Klasse geht Petja?

(R) In die Achte.

(G) In die Fünfte.

LÖSUNGSWORT:

___ ___ ___

 Frau Streng ist unsere Kunstlehrerin

 Petja hat so getan, als ob sein Messer und sein Teller zwei Trommelstöcke sind.

 Oma hat jedem eine Küchenschürze gegeben.

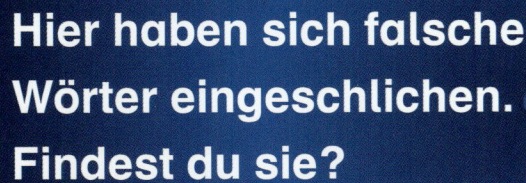

Hier haben sich falsche Wörter eingeschlichen. Findest du sie?

Fehler-teufel

Spieglein, Spieglein

Kannst du die Spiegelschrift erkennen?

Weihnachtskekse

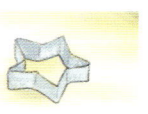

Küchenmaschine

Mandel-Zimt-Batzen

Büchersterne-Rätselwelt

Büchersterne

A
B
C
D
E
F
G
H
I
J
K
L
M
N
O
P
Q
R
S
T
U
V
W
X
Y
Z

Beispiel: FJ → EI

L F L T   _ _ _ _

P G F O   _ _ _ _

K V E P   _ _ _ _

N B V T   _ _ _ _

Entziffere die Geheim-schrift, indem du jeden Buchstaben durch seinen Vorgänger ersetzt.

Geheim-schrift

Farben-rätsel

Hast du gut aufgepasst und kannst dich an alle Farben erinnern?

Welche Farbe hat ...

 ... Taras Küchenschürze? _____

 ... Petjas Kappe? _____

 ... der Matschteig? _____

 ... die Küchenmaschine? _____

Büchersterne-Rätselwelt

Z	C	O	K	D	I	M	T	E	T
B	T	I	R	A	M	A	Z	M	R
U	P	M	A	N	D	E	L	N	I
R	T	T	B	S	O	N	E	W	N
Z	W	Z	I	A	N	K	J	Y	Y
U	R	I	T	E	I	E	R	A	E
C	F	Q	T	W	M	X	A	P	N
K	R	E	B	M	A	Z	I	M	T
E	N	X	A	E	Q	I	M	O	R
R	T	O	E	H	E	K	E	L	S
M	A	C	L	L	A	O	R	D	A

Hier haben sich 5 Backzutaten versteckt. Findest du sie alle?

Gitter-rätsel

47

Suche die Bilder im Buch und notiere die Seitenzahlen. Kannst du das Rätsel dann lösen?

Seite _____

Seite _____

Seite _____

Seite _____

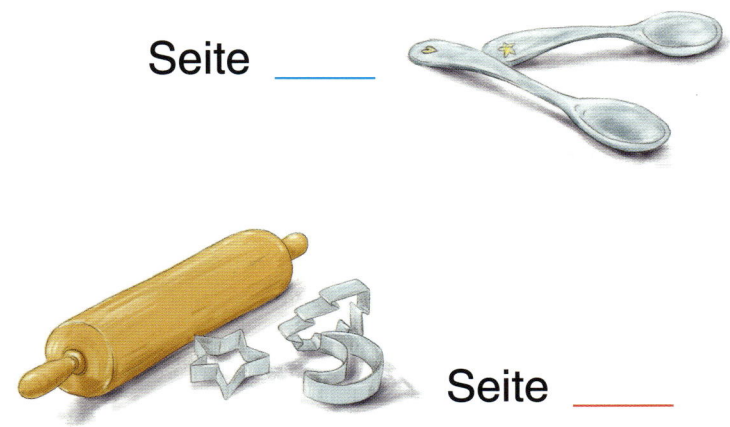

Seite _____

Nimm einen Taschenrechner und
rechne alle Seitenzahlen zusammen.
Welches Bild brauchst du noch, um
die Zielzahl 135 zu bekommen?

☐

☐

Welche Wörter verstecken sich hier. Suche die passenden Buchstaben.

```
[ ]  I   M   T
     U
     C                 G   A   [ ]   E   L
     K                         A
M                              C             Z
[ ]  I  [ ]  R                 K             U
H        R                     T             T
L                      T  [ ]  R  [ ]
                           G         T
```

ZUCKER

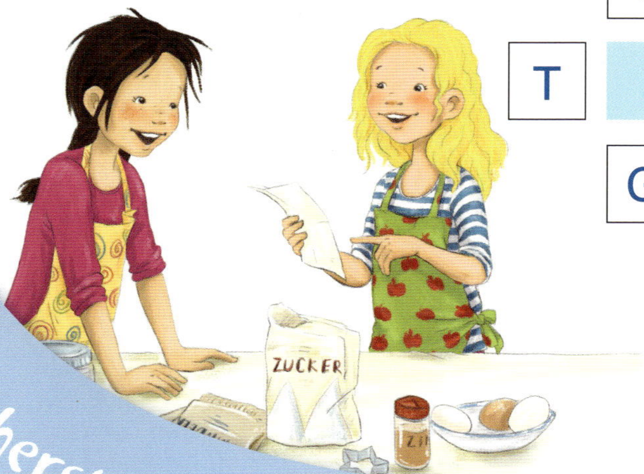

Wie alt wird Tara an ihrem
Geburtstag?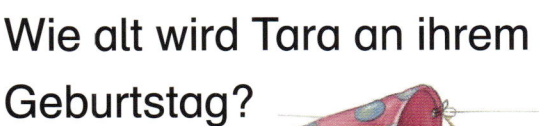

Wann muss Petja zum
Judo-Training?

Wie viele Kekse sind
schon ganz schwarz?

**Findest du die
gesuchten Zahlen?**

Zahlen-
rätsel

Würfel-spiel

Spiel für zwei! Wer verteilt am schnellsten alle Geschenke?

Du brauchst:

1 **Würfel**
2 Spielfiguren
1 Keks
4 Kieselsteine

| K | E | K | S |

Büchersterne-Rätselwelt

Würfelt abwechselnd.
Ihr dürft in beide Richtungen laufen.
Wer eine 6 würfelt, darf sich den **Keks** nehmen,
aber nicht essen. Landet ihr auf dem gleichen
Feld, legt ihr einen Kiesel unten ab.
Wer den Keks hat, wenn der letzte Kiesel
abgelegt wird, darf ihn aufessen.

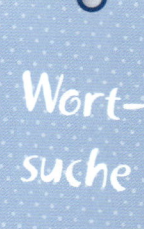
Mama hat uns das Rezept für die

☐☐☐☐ -Sterne hingelegt.

Die rot-grün gestreifte Schürze bekam

☐☐☐☐☐

Taras Lehrerin heißt Frau

☐☐☐☐☐☐

Büchersterne-Rätselwelt

Der teig war nur ein Art

hell-  Matsch.

Die Kekse auf dem obersten

waren schon ganz schwarz.

LÖSUNGSWORT:

Seite 47 · Gitterrätsel

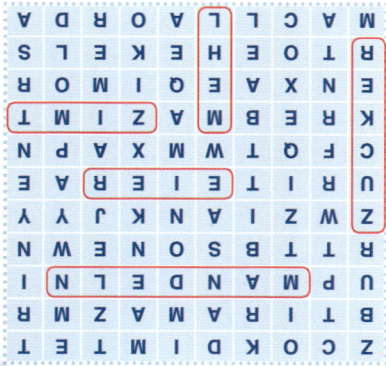

Seite 48-49 · Kreuz und quer

Seite 8, 22, 14, 35, 18 = 97.
Es fehlt Bild S. 38.

Seite 50 · Wortkreuze G A B E L

Seite 51 · Zahlenrätsel

9, 3, 17

Seite 54-55 · Wortsuche

Zimt, Petja, Streng, grauer, Blech
Lösungswort: Rezept

Büchersterne

Seite 42 · Wissensquiz
Lösungswort: TEIG

Seite 43 · Fehlerteufel
Kunstlehrerin, Teller, Oma

Seite 44 · Spieglein, Spieglein
Weihnachtskekse
Küchenmaschine
Mandel-Zimt-Batzen

Seite 45 · Geheimschrift
Keks, Ofen, Judo, Maus

Seite 46 · Farbenrätsel
Die Schürze ist gelb.
Die Kappe ist blau.
Der Teig ist hellgrau.
Die Küchenmaschine ist rot.

Nirgendwo ist es so schön wie im Möwenweg!

 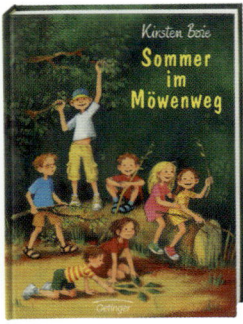 

Kirsten Boie
Wir Kinder aus dem Möwenweg
Band 1
ISBN 978-3-7891-3138-7

Kirsten Boie
Sommer im Möwenweg
Band 2
ISBN 978-3-7891-3144-8

Kirsten Boie
Geburtstag im Möwenweg
Band 3
ISBN 978-3-7891-3149-3

Im Möwenweg ist immer etwas los! Tara, Tieneke und die anderen Kinder spielen von früh bis spät, denn ihnen gehen die Ideen nie aus: Sie picknicken, übernachten im Zelt, backen Regenpfannkuchen oder feiern den tollsten Geburtstag der Welt!

Alle Bücher auch als

Oetinger

Weitere Informationen unter:
www.kirsten-boie.de und **www.oetinger.de**

Das didaktische Konzept zu **Büchersterne**
wurde mit Prof. Dr. Manfred Wespel, Pädagogische Hochschule
Schwäbisch Gmünd, entwickelt.

2018 Verlag Friedrich Oetinger GmbH,
Poppenbütteler Chaussee 53, 22397 Hamburg
Alle Rechte vorbehalten
Die Geschichte ist ein dem Kinderbuch „Weihnachten im Möwenweg"
entnommener Auszug, der für Leseanfänger sprachlich überarbeitet
und neu illustriert wurde.
Titelbild und farbige Illustrationen von Nadine Reitz
nach den Figuren von Katrin Engelking
Einband- und Reihengestaltung von Manuela Kahnt,
unter Verwendung der Sternvignetten von Heike Vogel
Druck und Bindung: Livonia Print SIA,
Ventspils iela 50, LV-1002, Riga, Lettland
Printed in 2018
ISBN 978-3-7891-0881-5

www.kirsten-boie.de
www.moewenweg-stiftung.de
www.buechersterne.de
www.oetinger.de